Online Geld verdienen

- Revolution Dropshipping:

Mit unter 50€ zum eigenen profitablen Online Shop

- passives Einkommen und Vermögensaufbau (Inkl. PPC Marketing)

Ares Barth

Inhaltsverzeichnis

Vorwort 8

Der Untergang des Einzelhandels 11

Definition: Dropshipping 15

Schritt für Schritt Anleitung zum Online Shop 18

    Produktidee entwickeln 19

    Marktanalyse 24

    Online-Shop gründen und individuell designen 27

    Geeignete Lieferanten finden 36

    Profitable Produkte hinzufügen 42

    Ihre ersten 1000 Besucher auf Ihrer Webseite 45

Vermeiden Sie diese neun Fehler 52

Richtiger Umgang mit Retouren 56

Gesetzliche Absicherung 59

Passives Einkommen: Automatisieren Sie Ihr Geschäft 63

Bonus:

Online-Marketing Strategien für einen erfolgreichen Start ...65

Fazit 67

Disclaimer

Alle Rechte vorbehalten

Dieses Werk ist urheberrechtlich geschützt. Die Übersetzung und Vervielfältigung dieses Werkes oder Teile des Werkes sind ohne die ausdrückliche Zustimmung des Autors untersagt. Alle Quellen und Studien, die zur Erstellung dieses Buches herangezogen wurden, wurden vorher ausgiebig überprüft und als für qualitativ hochwertig befunden. Dennoch erfolgt die Umsetzung der darin vorgestellten Methoden auf eigenes Risiko und muss vorher juristisch und staatlich abgeklärt werden. Der Verlag und der Autor können weder Haftung für Personen-, Sach- oder Vermögensschäden übernehmen, noch für die Richtigkeit und Aktualität der hier drin enthaltenen Informationen garantieren. Beachten Sie das der Inhalt dieses Werkes auf der persönlichen Meinung des Autors basiert, zum Unterhaltungszweck dient und nicht mit medizinischer Hilfe gleichgesetzt werden darf. Eine Garantie für das Erreichen der Ziele wird weder vom Autor, noch vom Verlag übernommen. Des Weiteren enthält dieses Buch Links zu anderen Webseiten, auf deren Inhalt wir keinen Einfluss haben und damit keine Gewähr übernehmen können. Bei der Erstellung dieses Buches konnten keine Rechtsverstöße verlinkter Webseiten entdeckt werden.

Über den Autor

Ares Barth, geboren im Süden von Bayern, verbrachte die erste Zeit nach seiner Schulzeit damit, sich durch verschiedene Nebenjobs leidlich über Wasser zu halten. Schon von klein auf hatte er sich nicht sonderlich für die klassische Schulbildung interessiert und probierte daher als junger Mann unterschiedliche Geschäftsmodelle aus, wobei er oftmals scheiterte. Depressionen kamen in ihm auf und er befand sich in einer Situation, in der er völlig unglücklich mit seinem Leben war.

Dies änderte sich, als er einen Job in einer Eventagentur fand, die in zahlreichen Ländern der Welt wie Amerika, Australien und Spanien vertreten war. Schließlich schloss er durch seine Tätigkeit in Australien Kontakte zu einem bekannten Online-Marketer, der ihn auf das Dropshipping, eine topaktuelle Geschäftsmöglichkeit, aufmerksam machte. - Ein Geschäftsmodell, welches in Deutschland *noch* relativ unbekannt ist. Ohne Erfahrungen startet er sogleich seine ersten Anläufe – und scheitert hierbei.

Mit der Zeit lernt er jedoch die besten Methoden kennen, wendet sie an - und wird sehr erfolgreich in seinem Geschäft, sodass er nun frei die Welt bereisen kann, da er sich durch Dropshipping ein passives Einkommen kreierte.

Das Beste daran: Es funktioniert zur Gänze online und ist ortsunabhängig. Wie sehr würde sich Ihr Leben verändern, wenn Sie 2000 - 3000 € mehr im Monat besäßen? Ares verfügte über keine technischen Skills, kein Inventar, keine hunderttausend Euro zum Starten. Er startete von 0 direkt zur finanziellen Freiheit.

Vorwort

Wir befinden uns momentan im goldenen Zeitalter des Internets! Durch das Internet kristallisieren sich tausende von neuen Möglichkeiten heraus.

Ich habe auf meiner langen Reise zur finanziellen Freiheit eine wichtige Lektion gelernt, die ich nun mit Ihnen teilen möchte:

Geld ist Freiheit

Manche Erlebnisse im Leben prägen uns für immer, und dies war ein solcher Moment: Ich befand mich in einem Arbeitsverhältnis und war für eine Eventagentur tätig - doch ich war todunglücklich damit. Da der Lohn allerdings in Ordnung war, hatte ich beschlossen, hier beschäftigt zu bleiben.

„Ich bezahle dich, also tu, was ich dir sage" – dieser Satz weckte mich aus meinem Albtraum auf. Nachdem ich meinem Chef gegenüber konstruktive Kritik geäußert hatte, wurde ich mit diesen Worten aus seinem Büro geschickt.

Und so stellte sich mir eine dringende Frage: Will ich wirklich mein Leben lang für jemanden arbeiten, der meine Arbeit nicht wertschätzt? Eine Woche später reichte ich meine Kündigung ein und wählte die Nummer meines Bekannten, der mir später das Geschäftsmodell des Dropshippings lehrte.

Heutzutage denke ich gerne an die Zeit zurück und mir wird bewusst, was sich wirklich geändert hat: Ich habe endlich meine Freiheit erlangt. - Die Freiheit, das zu tun, was ich *wirklich* möchte.

Sie haben dieses Buch nicht aus Versehen gekauft. Sie sehen sich als Unternehmer oder möchten sich mit dem Unternehmertum identifizieren, um finanzielle Unabhängigkeit zu erreichen, ein Nebeneinkommen aufzubauen und/oder einfach Ihren nächsten Urlaub zu finanzieren.

Dropshipping ist eine der lukrativsten Möglichkeiten, die mir je untergekommen sind. Es erwies sich als höchst effektiv, da ich erstens über sehr wenig Startkapital verfügte und zweitens sofort in der Lage war, mein Geschäft online und grenzüberschreitend international aufzubauen.

Welche Konzepte brauchen Sie für den Erfolg in diesem Geschäftsmodel?

- Bilden Sie sich täglich weiter.

- Erkennen Sie Möglichkeiten.

- Führen Sie notwendige Handlungen schnellstmöglich aus.

Ich höre immer wieder Ausreden wie: „Einen Online Shop zu erstellen ist schwer." – Natürlich, vor 15 Jahren war es noch notwendig, über perfekte Programmierfähigkeiten zu verfügen. Heute beläuft sich der Preis für Ihren Webauftritt auf unter 50€!

Wenn Sie bereit sind, aus der „normalen" Arbeitswelt auszusteigen und ein erfolgreicher Unternehmer mit finanzieller Freiheit zu werden oder auch nur lernen wollen, nebenbei 1000 - 3000 € zu verdienen, dann ist dieses Werk genau richtig für Sie.

Was ich Ihnen versprechen kann: Wenn Sie jeden einzelnen Schritt, der in diesem Buch aufgelistet wird, ausführen, werden Sie in kurzer Zeit ein erfolgreiches Dropshipping-Unternehmen führen – alles, was Sie brauchen, ist ein Laptop und eine Internetverbindung – das erforderliche Wissen dazu, vermittle ich Ihnen in den folgenden Kapiteln.

Der Untergang des Einzelhandels

Die besten Zeiten des Einzelhandels sind vorbei. Viele zuvor erfolgreiche Einzelhandelsunternehmen schließen, Hunderte von Geschäften weltweit sind betroffen. Doch was ist eigentlich der Grund dafür, dass in zehn Jahren jedes zweite Geschäft verschwunden sein wird? Während die Verkäufe in diesen Läden weiter sinken, explodieren die Gewinnmargen der Online-Shops.

Menschen sind faul. Wieso sollten Sie Ihr Haus verlassen, wenn Sie die Möglichkeit haben, gemütlich über Ihr Handy oder den Laptop einzukaufen und dabei obendrein Preise vergleichen, ähnliche Produkte mit zwei Klicks anschauen und Waren viel billiger erwerben können? Dieser Trendwandel ermöglicht es, enorme Verkaufszahlen über das Internet zu erzielen und davon zu profitieren.

Der Online-Gigant Amazon erzielte im vergangenen Jahr 200 Milliarden Dollar Umsatz. Kaum vorstellbar, wenn man bedenkt, dass im Jahr 1998 lediglich Bücher im Sortiment angeboten wurden, während sie mittlerweile buchstäblich alles verkaufen – von Uhren über Gartenausstattung bis hin zu Kinderwägen.

Doch wie schafft es Amazon, all diese Waren in seinem Lagerhaus unterzubringen?

Amazon besitzt die meiste Ware, die auf der Website zum Verkauf angeboten wird, nicht persönlich. Einzelhändler lagern die Ware, bis ein Kauf getätigt wird. Somit bietet Amazon eine Handelsplattform zwischen Endkonsumenten und Lieferanten und generiert damit Umsätze in Milliardenhöhe.

Einzelhandel

Die Nachteile des Einzelhandels sind weitreichend: Nach einem durchdachten Unternehmensplan benötigt man außerdem ein hohes Kapital, das man bereit ist, für die Eröffnung eines Einzelhandelsunternehmens zu zahlen. Traditionellerweise war die Eröffnung eines eigenen Ladens stets damit verbunden, einen geeigneten Platz in einer guten Lokalität zu finden, welchen man zuerst kostspielig renovieren und dekorieren musste. In weiterer Folge galt es, ein produktives Verkaufsteam zusammenzustellen, Produkte zu lagern, lokal effektive Werbung zu schalten und vieles mehr.

Der so genannte *Return of Investment* (misst den Gewinn oder Verlust einer Investition) ließ schließlich jahrelang auf sich warten – oder trat niemals ein, wenn man bedenkt, dass 80% der Startup-Geschäfte ihre Pforten nach drei Jahren schließen. Wir können uns glücklich schätzen, im 21. Jahrhundert zu leben. Mittlerweile belaufen sich die Kosten für einen Online-Shop auf weniger als 50 €.

Zur Wiederholung:

Sie können mit unter 50 € Ihren ersten Online Shop eröffnen und damit sehr viel Geld verdienen. So viel Geld, dass sie zukünftig finanziell unabhängig leben werden.

Vorteile eines Online Shops:

- Ihr Geschäft ist durchgehend geöffnet – 365 Tage im Jahr.
- Sie verdienen Geld, während Sie schlafen.
- Sie müssen sich nicht mehr um Ihr Personal kümmern.
- Sie haben die Möglichkeit, Ihre Ware weltweit und jederzeit zu verkaufen.

Weitere Vorteile eines Dropshipping Online Shops:

- Sie bieten eine riesige Produktpalette an, ohne vorherige Investitionen.
- Sie können Ihre Gewinnmarge selbst bestimmen.
- Sie müssen sich nicht um den Versand kümmern.

Definition: Dropshipping

Im Vergleich zum traditionellen Online-Shop müssen Sie die Produkte, welche Sie verkaufen möchten, nicht selbst kaufen. So sparen Sie sich zwei Dinge: Geld für den Ankauf und Platz zum Lagern der Produkte. Auch Schritte wie ein hoher logistischer Aufwand für Versand und Retouren werden hierbei umgangen. Diese Aufgabengebiete werden von speziellen Dropshipping-Lieferanten übernommen, sodass Sie sich vollständig auf den Verkauf fokussieren und Ihr Geschäft weitgehend automatisieren können. Sobald Sie ein Produkt verkauft haben, leiten Sie Ihren Auftrag an Ihren Großhändler weiter, welcher die Ware unter Ihrem Namen an Ihre Kunden liefert.

Ihre Aufgabe als Dropshipping-Unternehmer ist es, einen Shop zu erstellen, in welchem Sie für verschiedene Großhändler unter Ihrem Namen Verkäufe generieren (ohne eine einzige Ware selbst gelagert zu haben).

Beispiel:

A (Kunde) bestellt in Ihrem B (Onlineshop), B leitet die Bestellung zu C (Großhändler/Lieferant) weiter, woraufhin C im Namen von B liefert und dabei für A nicht in Erscheinung tritt.

- A (Kunde) kauft in Ihrem Shop für 14€ ein.
- Sie zahlen 4€ an den Großhändler, damit er die Ware an A versendet.
- Somit erhalten Sie einen Profit von 10€ für die einfache „Vermittlung" des Kaufes und müssen sich nicht einmal um den Versand kümmern.

➜ Die Transaktion verläuft unkompliziert

Mit der heutigen Technologie ist es absolut kein Problem, eine Website zu kreieren – jeder *ohne Vorkenntnisse* kann das lernen – ich konnte es – Sie können das auch.

Wie erstelle ich einen Online Shop?

Wo melde ich mich dafür an?

Wie designe ich meine eigene Website?

Was und wie teuer kann ich Produkte verkaufen?

Wo finde ich meine Großhändler?

Wie finde ich meine ersten Kunden?

Wie sichere ich mich gesetzlich ab?

Was mache ich bei Retouren?

Noch weitere Fragen?

Alle Fragen werden in den folgenden Kapiteln Schritt für Schritt beantwortet.

Schritt für Schritt Anleitung zum eigenen Online Shop

In diesem Kapitel wird Ihnen Schritt für Schritt aufgezeigt, wie Sie in kürzester Zeit Ihren Online-Shop gründen und Einnahmen erzielen können.

Hierbei ist es wichtig, dass Sie die grundlegenden Fähigkeiten erlernen, die Sie im Laufe der Zeit ausbauen können. Versuchen Sie deswegen, das Gelernte sofort anzuwenden. Es ist leichter einen Online-Shop online zu haben und diesen zu bearbeiten, als nicht einmal angefangen zu haben und nach Verbesserungen zu suchen.

Stellen Sie Ihren Online-Shop online und verbessern Sie ihn danach.

Produktidee entwickeln

Ziel des Kapitels:

Eine Anleitung erstellen, um mit einer durchdachten Recherche verschiedene Produktideen zu entwickeln

Brainstorming

- Sie starten niemals mit einem leeren Kopf. Ihr Gehirn ist immer voller Ideen – teils bewusst, teils unbewusst.

- Richten Sie Ihren Fokus auf Produkte, die Ihnen besonders gut gefallen. Berücksichtigen Sie hierbei aktuelle Trends und aufregende Produkte aus der Werbung.

- Denken Sie an Ihre Hobbys: Gibt es Dinge, die Sie sich schon immer gewünscht haben?

- Notieren Sie alle Ideen, die Ihnen in den Sinn kommen – ohne Selbstkritik, denn Sie wissen niemals, was Ihre Kunden alles wollen. Der Markt ist riesig und Geschmäcker sind verschieden.

Durchstöbern Sie andere Shops

- Richten Sie hierbei Ihre Aufmerksamkeit insbesondere auf aktuelle Angebote, Produktbestsellerlisten und Ware, die besonders promotet wird.

- Es gibt tausende lukrative und erfolgreiche Shops. Das Konsumverhalten steigt und steigt - im Internet wird mittlerweile alles nachgefragt.

- Gehen Sie auf AliExpress.com und achten Sie besonders auf die Bestsellerprodukte. Das Gleiche können Sie auf Amazon und Ebay wiederholen.

- Blättern Sie verschiedene Kategorien und Listen durch, und achten Sie darauf, in welchem Bereich momentan die größte Nachfrage herrscht.

Fragen Sie Freunde

- Menschen sind unterschiedlich. Aufgrund der verschiedenen Interessen und spontanen Einfälle Ihrer Freunde können Sie so auf unterschiedliche Nischen stoßen.

Populäre Themengebiete und Nischen im Internet

- Benutzen Sie Tools wie Google Trends & Keyword Tools, um einen genauen Überblick über die Interessen Ihrer potentiellen Kunden zu erlangen.

Halten Sie die Augen offen

- Möglichkeiten finden sich überall: in Ihrem Haus, bei Ihrer Arbeit oder im Alltag.

- Welche Produkte gibt es, ohne die Sie keinesfalls leben könnten? Welche Produkte würden Ihnen darüber hinaus das Leben erleichtern? Welche Produkte sind für Sie schwer beschaffbar?

- Ein junger Mann verbrachte vor zig Jahren seinen Urlaub in Italien und ihm fielen überall verschiedenste Coffeeshops ins Auge: Er fand diese Läden so gut, dass er sich entschied, in seiner Heimat das Gleiche anzubieten: Kurze Zeit später entstand „Starbucks".

- Sie treffen jeden Tag auf über hundert Möglichkeiten. Denken Sie lediglich daran, alle Ideen zu notieren.

Aufgabe am Ende des Kapitels

Produktidee entwickeln
Schreiben Sie eine Liste mit 50 Produktideen.

An Ideen zu kommen sollte für Sie kein Problem mehr sein. Nutzen Sie dafür die oben beschriebenen Methoden.

Marktanalyse

„Every battle is won, before it's ever fought."
- Die Kunst des Krieges

Wie Sie sicherlich bemerkt haben, ist es sehr einfach, verschiedene Ideen zu entwickeln. Nun widmen wir uns einer wichtigeren Aufgabe: Welcher Markt ist *wirklich* lohnenswert und profitabel? Machen Sie nicht den Fehler und bieten ein Produkt an, ohne davor *intensivste* Marktforschung betrieben zu haben.

Das oben erwähnte Zitat stammt aus einem alten Kriegsbuch, welches gut auf die Geschäftswelt umgemünzt werden kann. Erschaffen Sie keine Nische – finden Sie eine profitable Nische und nehmen Sie sich ein Stück vom Kuchen. Analysieren Sie das Kaufverhalten Ihrer Kunden und achten Sie hierbei besonders auf Alter, Geschlecht und Vorlieben.

Außerdem ist es wichtig, dass Sie ein gewisses Maß an Interesse an dieser Nische haben. Ihr Shop mag zu Beginn sehr profitabel sein, doch wenn keine Begeisterung dahintersteht, wird sich kein langfristiger Erfolg einstellen.

Es ist empfehlenswert, sich anfangs auf einen kleineren Markt zu konzentrieren und dort Erfahrungen zu sammeln, da die dortige Konkurrenz verhältnismäßig „unerfahren" ist. Und aus Fehlern – auch aus denen von anderen – können Sie lernen.

Aufgabe am Ende des Kapitels

Marktanalyse
Wählen Sie eine Nische aus, in der Sie drei Produkte zum Verkauf anbieten werden.

Entscheiden Sie sich ausgehend von Ihren Ideen für eine profitable Nische, in der Sie Ihre ersten Produkte anbieten. Informieren Sie sich im Vorfeld genauestens darüber, welche Bereiche stark nachgefragt sind.

Online-Shop gründen und individuell designen

„Ready, Fire, Aim"

Unsere erste praktische Aufgabe besteht darin, unseren Online-Shop zu erstellen. Um Perfektion und gezieltes Marketing kümmern wir uns, sobald der Dropshipping-Shop online ist. Sobald Ihr Store die ersten Verkäufe erzielt, fangen Sie wirklich an, das Potential hinter diesem Geschäftsmodel zu erkennen.

Wir fangen sofort an und gehen jeden Punkt Schritt für Schritt durch.

Shopname (Ihr Markenname)

Überlegen Sie sich einen einzigartigen Namen für Ihren Online-Shop. Markenbildung ist eine wichtige Marketingstrategie. Große Unternehmen wie „Nike" oder „RedBull" präsentieren Ihre Namen überall und genießen Kundenvertrauen, weil ihre Markennamen für Qualität bürgen.

Dies ist ein großer Vorteil des Dropshippings gegenüber anderen Geschäftsmodellen wie Amazon FBA oder Affiliate Marketing - Sie haben die Möglichkeit, *Ihre eigene Marke* zu kreieren. Sobald Kunden anfangen Ihnen zu vertrauen, werden Sie immer wieder auf Ihren Shop zurückgreifen und Käufe tätigen. Wie Sie Ihren Kundenkontakt pflegen, erfahren Sie im Bonuskapitel.

Registrierung

Nun geht es darum, den richtigen Anbieter zu finden, mit dem Sie in Zukunft arbeiten möchten. Diese Anbieter erleichtern Ihre Arbeit enorm und ermöglichen durch eine benutzerfreundliche Software und etliche Apps ein einfaches Einsteigen in die Thematik.

Machen Sie sich die Arbeit einfach: Investieren Sie lieber Geld in Applikationen, die einfach zu bedienen sind und Ihnen viele Aufgabenfelder abnehmen, als Ihre wertvolle Zeit damit zu verbringen. Die monatliche Gebühr beträgt hierbei $29, und ist neben dem Domainkauf ($13) die einzige Investition, die Sie tätigen müssen.

Ich arbeite am liebsten mit Shopify. Zwar gibt es auch kostenlose Alternativen wie WooCommerce (von WordPress gesponsert), jedoch ist mir der kleine Kostenaufwand die unzähligen Features wert. Deshalb werde ich dieses Werk danach ausrichten, eine Webseite mit Shopify aufzubauen. Grundsätzlich unterscheidet sich der Aufbau im Vergleich zu anderen Anbietern nicht.

Vorteile von Shopify:

- Kooperation mit sehr vielen Dropshipping-Lieferanten

- Integriertes Bezahlsystem für Ihren Store (PayPal, Sofortüberweisung, Kreditkarten)

- Benutzerfreundliche Software, die es Ihnen ermöglicht, Ihre Website individuell und modern zu designen.

- Hohe Mobilfreundlichkeit (!)

- Kostenlose Motive (Themes)

Außerdem bietet Shopify die Möglichkeit, Ihren Shop unverbindlich 14 Tage lang kostenlos aufzubauen und alle Features zu testen. Der einzige Nachteil ist, dass Shopify derzeit nur auf Englisch verfügbar ist. Doch Sie finden sich garantiert schnell zurecht und können den Shop später auf „Deutsch" umstellen. Rufen Sie nun die Website von Shopify auf und kreieren Sie Ihren ersten Online-Shop.

Theme auswählen

(Online Store -> Themes -> Installieren)

Nachdem Sie die große Bandbreite an Themes durchgesehen haben, entscheiden Sie sich für das Motiv, das Ihnen am besten gefällt und mit Ihrer Nische kompatibel ist. Ohne Weiteres bleiben wir dabei bei den kostenlosen Motiven, da diese bereits qualitativ sehr hochwertig und benutzerfreundlich sind. Einer meiner Favoriten ist das Theme „Minimal (Music)", da es bei diesem sehr leicht ist, individuelle Anpassungen vorzunehmen.

Bilder für Ihre Website

Um lizenzfreie und qualitativ hochwertige Bilder für Ihren Shop zu benutzen, besuchen Sie die Seite www.pixabay.com– dort befinden sich Bilder zu allen Kategorien.

Logo

(Theme customize -> Header -> Bild einfügen)

Markenbildung gehört zu den wichtigsten Schlüsselelementen des Marketings. Das Logo ist das erste Element, welches sofort ins Auge sticht und Ihre Marke überall repräsentiert.

Meine Empfehlung ist es, soweit keine Photoshop-Kenntnisse vorhanden sind, diese Aufgabe an einen Freiberufler auf www.Fiverr.com weiterzugeben. Der Kostenaufwand, der dabei entsteht, ist sehr gering (etwa 5 - 10 €).

Farben

(General Settings → Colors)

Die verschiedenen Motive ermöglichen es uns, Farben individuell anzupassen. Probieren Sie vieles aus und entscheiden sich am Ende für das, was am besten zu Ihrer Nische passt.

Soziale Medien

(General Settings → Social Media)

Es ist wichtig, dass Ihre Kunden sich mit Ihnen verbunden fühlen. Richten Sie Accounts auf Google, Facebook usw. ein und verbinden Sie diese mit Ihrem Online-Shop.

PayPal als Zahlungsmittel

(Shopify Settings → Payment Section)

PayPal gilt seit Jahren als eines der sichersten Zahlungsmittel, mit dem viele Kunde gerne zahlen. Fügen Sie außerdem die Zahlungsmittel ein, die Sie persönlich für wichtig halten.

Meine Empfehlungen sind hierbei PayPal, Kreditkartenzahlungen sowie Sofortüberweisung.

Personalisierte Domain

(Online Store → Domains → Buy new domain)

Natürlich muss Ihr Online-Shop Seriosität ausstrahlen und eine Domain in Deutschland (oder zumindest Europa) besitzen. Kunden aus Deutschland neigen eher dazu, in einem Online-Shop mit der Endung .de einzukaufen. Mit $13 im Jahr gehört Shopify zu einem sehr preisgerechten Anbieter.

Aufgabe am Ende des Kapitels

Shop gründen und individuell designen
Bereiten Sie Ihren Shop vor, indem Sie alle oben erwähnten Punkte abschließen.

Wichtig ist es dabei, eine Webseite zu kreieren, die benutzerfreundlich und einfach gestaltet ist. Ihnen wurde in diesem Kapitel absichtlich sehr viel Freiraum gelassen, um zu Ihrem individuellen Design zu finden. Lassen Sie Ihre Kreativität spielen. Sie können nun Ihre 14-tägige Probeversion aktivieren.

Geeignete Lieferanten finden

Bei Amazon ist eine große Anzahl an Produkten verfügbar, doch die meisten dieser Produkte lagert das Unternehmen nicht selbst. Mit Dropshipping können Online-Shop Besitzer Produkte an ihre Kunden verkaufen, ohne diese gelagert zu haben, mehr noch - ohne diese jemals zu sehen.

Nachdem Sie ein Produkt auf Ihrer Seite verkauft haben, leiten Sie die Bestellung an Ihren Lieferanten weiter. Dieser wird das Produkt *unter Ihrem Storenamen* an den Kunden liefern, wobei der Kunde nichts vom Zwischenlieferanten erfährt. Somit ist es möglich, Verkäufe zu generieren, ohne den Artikel selbst auf Lager zu haben.

Mein Lieblingslieferant: AliExpress

Aufgrund der niedrigen Herstellungskosten befinden sich viele Großhersteller in China. Sich am Markt zu halten, wird für die Region allerdings von Jahr zu Jahr schwieriger, da die Waren einerseits immer qualitativ hochwertiger produziert werden, andererseits zu einem immer billiger werdenden Preis. Viele chinesische Lieferanten sehen die Möglichkeiten, die sich mit Dropshipping bieten, als neue Chance und fokussieren sich auf dieses Geschäftsmodell.

Dropshipping via AliExpress bietet eine der einfachsten und populärsten Möglichkeiten, um in diesem Geschäft Erfahrungen zu sammeln. Später können Sie auf andere (deutsche/europäische/amerikanische) Lieferanten wechseln wie SaleHoo, Dropshipping.de oder BigBuy (mein persönlicher Favorit in Europa). Diese haben den Vorteil, dass sie schneller liefern, die Einkaufspreise sind jedoch generell sehr viel höher. Diesbezüglich müssen Sie selbst abwägen, was für Ihren Online-Shop wichtiger ist.

Was ist AliExpress?

AliExpress ist ein Tochterunternehmen von Alibaba, einem der größten chinesischen Onlinehändler, vergleichbar mit Amazon. Auf www.AliBaba.de ist es möglich, Produkte für ein Warenhaus zu kaufen, wohingegen sich AliExpress auf einfache Stückzahlen konzentriert.

Wie funktioniert AliExpress Dropshipping?

Nachdem Sie bei AliExpress durch die Kategorien geblättert haben, wählen Sie die Artikel, die Ihnen interessant erscheinen und bieten diese auf Ihrer Webseite mit Ihrem selbst festgelegten Preis an. Sobald der Artikel einen Verkauf generiert hat, leiten Sie diesen Verkauf an Ihren AliExpress-Lieferanten weiter und lassen das Paket direkt zum Kunden liefern.

Durch verschiedene Shopify-Applikationen ist es mittlerweile sogar möglich, die Weiterleitungen weitgehend automatisiert ablaufen zu lassen. Sobald Ihr Shop begonnen hat, eine gewisse Menge an Ware zu verkaufen, ist es ebenfalls lohnenswert, einen virtuellen Assistenten, beispielsweise von den Philippinen, einzustellen, der einfache Aufgaben gegen wenig Geld erledigen kann.

Vorteile von AliExpress

- Selbst bestimmte Gewinnmarge, da keine Preisbindung an den Lieferanten besteht

- Freier Zugang

- Einfaches Auffinden von Lieferanten

- Zugang zu Millionen von Produkten

- Produkte, die sich dem aktuellen Markt und dessen Nachfrage anpassen

Allgemeine Fragen zu AliExpress

Erfahren meine Kunden, dass die Produkte von AliExpress geliefert werden?
Durch eine kurze Nachricht können Sie Ihren Lieferanten auffordern, Werbematerial aus dem Paket zu entfernen. Um später Ihre eigene Marke zu stärken, empfiehlt es sich, die Produkte bedrucken zu lassen oder Flyer mitanzubieten.

Wieso greift jemand zum teureren Produkt?
Nennen Sie es Marketing, Marke oder Vertrauen in Ihren Shop.

Außerdem kennen die meisten Menschen Anbieter wie AliExpress nicht.

Dauert die Lieferung zu lange?
Alibaba verkauft pro Tag Produkte im Wert von über 14 Billionen $ - mit längeren Lieferungszeiten. Wenn Sie die Bedingungen schon im Vorfeld klar und deutlich machen, akzeptieren Kunden die Richtlinien beim Kauf Ihres Produktes auch.

Außerdem kann man heutzutage mit dem ePaket den aktuellen Standort jedes Pakets orten, was die Kunden weitgehend beruhigt. Darüber hinaus lagern viele Lieferanten ihre Ware in europäischen Warenhäusern (besonders oft: Spanien), um schnellere Lieferzeiten zu ermöglichen.

Zusatzinformation:
Kunden wägen immer zwischen verschiedenen Aspekten ab: Gefällt ihnen beispielsweise ein Produkt, das eine längere Lieferzeit hat, dafür aber um 20% billiger ist als die Konkurrenz, entscheiden sich die einen für Shop 1 und die anderen für Shop 2.

Sprechen AliExpress-Lieferanten Englisch?
Empfehlenswert ist es, vor der Kooperation mit den AliExpress-Lieferanten in Verbindung zu treten. Meistens besitzen diese grundlegende Englischkenntnisse, welche zur einfachen Kommunikation genügen.

Profitable Produkte hinzufügen

Suchen Sie *immer* nach qualitativ hochwertigen und preisgerechten Produkten, die Ihren Kriterien entsprechen.

Wählen Sie nur Produkte aus, die auch mit ePaket geliefert werden können, sodass Kunden jederzeit über die Möglichkeit verfügen, ihr Paket zu orten.

Kaufen Sie nur bei Lieferanten, die eine positive +95%-Bewertung bei mindestens 1500 Bewertungen aufweisen. Achten Sie ebenfalls auf die Verlässlichkeit Ihres Lieferanten. Es kann immer wieder zu Situationen kommen, in denen ein Kunde den bestellten Artikel zurücksenden möchte oder Ähnliches. Notieren Sie sich, wie schnell Ihr Lieferpartner reagiert und die Situation gelöst hat.

Importieren Sie die richtigen Produkte in Ihren Shop

Eine App, die den ganzen Ablauf so gut wie automatisiert, ist Oberlo. Damit können Sie Produkte ganz leicht in Ihren Shop importieren, die im Falle eines Kaufes automatisch an den Kunden geschickt werden. Nachdem Sie sich die Applikation heruntergeladen haben, klicken Sie auf die Oberlo-Einstellungen auf Ihrer Shopify-Seite und erkunden Sie die angebotenen Produkte.

Alternativ können Sie auch die besten Bilder speichern und Ihre Artikel manuell anbieten.

Produktbeschreibungen

AliExpress-Produkte weisen meistens ‚komische', unverständliche Beschreibungen auf, die Sie keinesfalls übernehmen sollten. Erstellen Sie einen interessanten Titel und verwenden Sie anregende Bilder. Ihre Beschreibung sollte Neugier bei Ihren potentiellen Kunden wecken.

Aufgabe am Ende des Kapitels

Profitable Produkte hinzufügen
Erkundigen Sie sich nach den besten Lieferanten und füllen Sie Ihren Shop mit den bestmöglichen Produkten.

Testen Sie viele verschiedene Produkte - mit der Zeit bekommen Sie ein Gespür für die besten. Nachdem Sie Ihre Produkte importiert haben, ist Ihr Shop fertiggestellt. Nun geht es darum, Traffic (potentielle Kunden) auf Ihrer Seite zu generieren.

Ihre ersten 1000 Besucher auf Ihrer Webseite

Um Verkäufe zu generieren, müssen Sie Traffic auf Ihrer Website erzeugen. Dies ist vergleichbar mit Kunden, die in einer bestimmten Stadt Ihren Einzelhandel besuchen. Je mehr Traffic Sie auf Ihrer Webseite erzeugen, umso mehr Verkäufe werden generiert und umso mehr Profit erzielen Sie.

Bilden Sie sich täglich weiter und schauen Sie sich nach neuen Möglichkeiten um, Ihr Marketing zu erweitern und Werbung für Ihren Shop zu machen. Im Folgenden zeige ich Ihnen zwei Methoden:

SEO (Suchmaschinenoptimierung)

Die Suchmaschinenoptimierung ist die gängigste und bekannteste Methode, um Traffic zu generieren. Melden Sie sich mit Ihrer Seite bei bekannten Suchmaschinen an (Google, Bing, Yahoo). Integrieren Sie bestimmte Schlüsselwörter, die potentielle Kunden in die Suchmaschinen eingeben würden. Achten Sie ebenfalls auf eine moderne und mobilfreundliche Website, da Sie dadurch höher im Ranking eingestuft und öfter vorgeschlagen werden.

Leider ist die Konkurrenz hier meist sehr groß, weswegen wir uns anfangs auf einen anderen Werbekanal fokussieren sollten:

Facebook-Werbung

Am Anfang besteht die leichteste Methode, um Traffic zu generieren, darin, Ihre Produkte über Facebook zu vermarkten. Das Einfache daran ist, dass die Multimillionen-Dollar-Software von Facebook einen Teil Ihrer Arbeit übernimmt, indem sie Ihren Markt genauestens analysiert.

Erstellen Sie, wie bereits erwähnt, eine Facebookseite für Ihren Online-Shop unter „Facebook Einstellungen – Seite erstellen" – und fügen Sie eine passende Beschreibung und interessante Bilder hinzu.

Vergessen Sie nicht, dass Sie hierbei Ihre eigene Marke kultivieren sollten. Dazu gehört auch, oftmals Artikel über Ihre Seite zu teilen oder zu verfassen. Versuche Sie Ihren Kundenkontakt so nah wie möglich zu halten. Ihre Facebookseite ist Teil Ihrer Marke und so sollte sie auch nach außen gezeigt werden.

Die   richtige   Zielgruppe   auswählen

Wenn Sie auf Facebook eine Zielgruppe auswählen, die sich nicht für Ihre Produkte interessiert, werden Sie wahrscheinlich viel Werbebudget verlieren, da Sie die falschen Leute erreichen. Vermeiden Sie zu allgemeine Interessen wie Natur, Sport oder Essen und arbeiten Sie wirklich spezifische Details heraus, die optimal mit Ihrer Zielgruppe korrespondieren.

Tools wie der Facebook Audience Manager helfen Ihnen dabei:

https://www.facebook.com/ads/audience

Die richtige Facebook-Werbung auswählen

(Facebook -> Werbeanzeigen erstellen)

Es gibt verschiedene Wege, Facebook-Werbung zu platzieren – wir konzentrieren uns hier auf den Ads Manager, da es mit diesem möglich ist, ohne spezielle Vorkenntnisse die effektivsten Werbeanzeigen zu erstellen.

Nachdem Sie auf Werbeanzeigen erstellen klicken, befinden Sie sich im Werbemenü, wo Sie Anzeigen bearbeiten und analysieren können.
Das Kampagnen-Ziel Ihrer ersten Kampagne ist es, Traffic auf Ihre Website zu generieren. Nachdem Sie den Link geklickt haben, geben Sie die URL des Produktes an, für welches Sie eine Werbung schalten möchten.

Auswahl von Ort, Alter, Geschlecht und Sprache der Zielgruppe

Intelligenzarbeit ist hierbei gefragt: Wählen Sie die richtige Zielgruppe für Ihr Produkt aus. Kombinieren Sie Interessen, die auf Ihre potentielle Käufer zutreffen könnten. Empfehlenswert sind immer Kombinationen aus zwei Interessen, damit visieren Sie Ihre Kunden gezielter an und haben niedrigere Werbekosten.

Investieren Sie anfangs ein Budget von 5 Euro und beobachten Sie, wie sich Ihre Kampagne entwickelt. Abhängig vom Ergebnis können Sie die Kampagne noch einmal überarbeiten oder sie erneut benutzen.

Die Werbeanzeige

Nun ist Kreativität gefragt: Erstellen Sie eine ansprechende Werbeanzeige auf Facebook. Verwenden Sie interessante Bilder und eine aufmerksamkeitserregende Überschrift. Nachdem Sie alle wichtigen Felder ausgefüllt haben, prüfen Sie noch einmal nach, ob die Werbung so aussieht, wie Sie sich das vorgestellt haben. Klicken Sie danach auf Veröffentlichen.

Split-Testing

Split-Testing beinhaltet Tests mit dem Ziel, die Messwerte einer Website zu verbessern, weshalb es auch oftmals A/B-Testing oder Multivarianten-Testing genannt wird. Beispielsweise werden die Messwerte untersucht, um die Zahl der Klicks oder der getätigten Einkäufe zu verbessern.

Nachdem Sie eine Werbekampagne veröffentlicht haben, analysieren Sie die Erfolgsrate. War die Kampagne erfolgreich oder nicht? Welche Schlüsselwörter sorgten für viele getätigte Käufe? Sind Ihre Überschriften aufmerksamkeitserregend? Wie viele Leute klicken auf Ihre Seite?

Optimieren Sie Ihre Anzeigen, indem Sie alte Kampagnen aufgreifen, verbessern und verbessert neu veröffentlichen.

Aufgabe am Ende des Kapitels

Ihre ersten 1000 Besucher auf Ihrer Webseite
Analysieren Sie Ihre Zielgruppe und erstellen Sie Ihre erste Werbekampagne

Vermeiden Sie diese neun Fehler

Fokussieren Sie sich darauf, die „Kunst des Marketings" zu erlernen

Da die meisten Aspekte Ihres Geschäfts ohnehin automatisiert ablaufen, haben Sie mehr Zeit, sich mit dem Themengebiet Marketing zu beschäftigen. Sicherlich macht es Spaß, Ihre Website zu designen, doch die Variable, die regelmäßig Ihren Geldfluss erhöht, ist richtig angewandtes Marketing. Bilden Sie sich täglich weiter und informieren Sie sich, wie Sie Ihre Kunden am besten zum Kauf anregen.

Kultivieren Sie Ihre eigene Marke (Brandbuilding)

Kunden lieben Marken. Schauen Sie sich beispielsweise Nike an: Jeder kennt deren Slogan und die Kunden vertrauen auf die Qualität. Bauen Sie ebenfalls Ihre eigene Marke vom ersten Tag an auf, indem Sie Soziale Medien wie Facebook und Instagram miteinbeziehen.

Erstellen Sie Ihre eigene E-Mail Liste

Führen Sie von Anfang an eine E-Mail Liste, um mit Ihren Kunden in Kontakt zu bleiben. Sobald diese zum ersten Mal in Ihrem Shop eingekauft haben, können Sie ihnen wöchentlich E-Mails mit den neusten Inhalten, Angeboten und Gutscheinen Ihres Shops zukommen lassen. So werden Sie im Laufe der Zeit weniger Geld für Facebook-Werbung ausgeben müssen.

Investieren Sie Zeit in die Nischenrecherche

Finden Sie eine profitable Nische, in der es sich lohnt, Produkte anzubieten. Gehen Sie sicher, dass die Produkte in dieser Nische gefragt sind. Sobald die richtige Nische gefunden ist, ist es ebenfalls sehr wichtig, Ihre potentiellen Käufer/innen zu analysieren und die Werbeanzeigen für diese anzupassen.

Verkaufen Sie Ihre Produkte nicht zu billig

Da Anbieter wie AliExpress dafür sorgen, dass Ihre Einkaufskosten sehr gering ausfallen, machen viele Shopinhaber den Fehler, Ihre Ware zu billig anzubieten. Solange die Preise fair sind und den Wert/Nutzen des Produktes widerspiegeln, ist es gerecht. Bieten Sie im Falle schlechter Zeiten nicht Ihre Produkte für weniger Geld an, sondern investieren Sie in besseres Marketing.

Automatisieren Sie Ihr Geschäft weitgehend

Sie lernen später einige Applikationen kennen, mit denen Sie Ihr Geschäft automatisieren können. Falls Ihre Umsätze stark ansteigen, lassen Sie sich auf den Gedanken ein, einen virtuellen Assistenten einzustellen. Dies verschafft Ihnen mehr Freizeit, um Ihren Leidenschaften und Hobbys nachzugehen!

Bieten Sie besonderen Kundenservice

Suchen Sie immer nach Möglichkeiten, sich von der Masse abzuheben. Eines der einfachsten Mittel ist, einen hervorragenden Kundenservice anzubieten. Antworten Sie schnell auf Fragen, schreiben Sie Ihren Kunden Karten oder E-Mails, wenn Sie des Öfteren bei Ihnen bestellen oder belohnen Sie sie durch Werbegeschenke. Die Liste ist unendlich lang – lassen Sie Ihrer Kreativität freien Lauf.

Oft erinnern sich Kunden nicht mehr daran, was sie in einem bestimmten Laden gekauft haben, sondern viel mehr daran, wie sie behandelt wurden. Arbeiten Sie daran, dass Ihre Kunden sich besonders fühlen und schenken Sie Ihnen die Aufmerksamkeit, die sie wollen.

Liefern Sie immer mit ePaket

ePaket ist nicht nur eine sehr schnelle Liefervariante, sondern ermöglicht es auch allen Kunden, ihre Pakete zu orten. Diese Eigenschaft macht das ePaket zum besten Lieferservice für Dropshipping in Europa.

Reinvestieren Sie Ihre Gewinne

Obwohl es natürlich ein tolles Gefühl sein kann, die erzielten Einnahmen aus Ihrem Online-Shop sorglos zu verprassen, hindern Sie Ihr Geschäft so daran, dass es weiterhin wächst. Investieren Sie stattdessen Geld in Ihre Werbeanzeigen und experimentieren Sie mit diesen. Setzen Sie sich das Ziel, einen gewissen Betrag zu verdienen und streben Sie diesem Wert nach. Indem Sie Geld reinvestieren, geben Sie Ihrem Geschäft die Möglichkeit zu wachsen und sich am Markt einen Namen zu machen.

Richtiger Umgang mit Retouren

Wenn es um das Thema Retouren geht, empfiehlt es sich, sich früh damit zu beschäftigen, um keine bösen Überraschungen zu erleben. Aus diesem Grund möchte ich diesem Thema ein ganzes Kapitel widmen. Unter Retouren versteht man prinzipiell von Kunden getätigte Rücksendungen. Das europäische Verbraucherrecht räumt Käufern weitreichende Optionen (bis hin zur Rückgabe) ein. Es ist mittlerweile selbstverständlich geworden, im Internet bestellte Ware bei Bedarf einfach wieder zurückschicken zu können.

Retouren sind im Allgemeinen selbstverständlich ein Ärgernis für Online-Händler. Diese müssen schließlich für Portokosten, verbrauchtes Verpackungsmaterial und den Arbeitseinsatz der Logistikmitarbeiter aufkommen. Darüber hinaus ist die Ware nach dem Zurücksenden oftmals keine Neuware mehr.

Deshalb müssen Sie für das Retourenmanagement einen klaren und durchdachten Prozess entwickeln. Legen Sie mit Ihren Lieferanten im Vorhinein fest, ob die Retouren über Ihren Lieferanten oder über Sie erfolgen. Oftmals wird die Ware in letzterem Fall an Sie zurückgeschickt.

Wenn Sie davon ausgehen, dass bei einem Produkt eine Retourenquote von 5% besteht, dann wäre dies eine Rücksendung bei 20 getätigten Verkäufen. Wenn Sie die Ware für 2,50 € kaufen und für 10,00 € verkaufen, machen Sie insgesamt einen Gewinn von 150 €. Selbst wenn ein Artikel ausfällt, machen Sie immer noch einen Gewinn in Höhe von 137,50 €, falls Sie das retournierte Produkt entsorgen. Ebenso gut können Sie das Produkt aber auch auf eBay versteigern und verringern somit Ihren Verlust. Bekannte Lieferanten wie Amazon bieten Kunden oftmals an, dass diese die Ware behalten können und darüber hinaus das Geld zurücküberwiesen oder einen neuen Artikel geschickt bekommen. Was sagt dies über die Gewinnspanne der Händler aus? Sobald Sie qualitativ gute Produkte anbieten, rechnen Sie grundsätzlich mit einer Ausfallquote von 5%.

Wie vermeiden Sie Retouren?

- Korrekte und vollständige Produktbeschreibungen, um keine falschen Vorstellungen beim Kunden zu wecken

- Qualitativ hochwertige Produkte

- Gut bedienbare Produkte (besonders im Elektrobereich)

- Hohe Servicequalität

- Achten Sie darauf, dass Ihr Lieferant die Ware optisch ansprechend und ordnungsgemäß verpackt!

Gesetzliche Absicherung

Dropshipping-Kaufverträge unterliegen grundsätzlich denselben gesetzlichen Grundlagen wie Abschlüsse von sonstigen Kaufverträgen und werden durch das ECG (E-Commerce-Gesetz) erweitert bzw. konkretisiert.

Impressum

- Allgemeine Informationspflichten

- Name der Firma/des Selbstständigen

- Geografische Anschrift, unter der Sie niedergelassen sind

- Kontaktdaten, sodass ein Kunde Sie unmittelbar kontaktieren kann (E-Mail + Telefonnummer)

- Sofern vorhanden: Umsatzsteuer- & Wirtschaftsidentifikationsnummer

AGB

- Fixiert die Vertragsbedingungen des Anbieters

- Umfasst das Zustandekommen des Vertrags, Liefer-, Versand-, Zahlungs-, Widerrufs- und Rückgabebedingungen

Datenschutzerklärung

- Datenspeicherung und Datenschutz müssen klar definiert sein.

- Sobald personenbezogene Daten erhoben werden, ist hierfür eine eindeutige Einverständniserklärung des Nutzers notwendig.

Preisauszeichnungsgesetz

- Preise müssen les- und zuordenbar angegeben sein.

- Es muss erkennbar sein, ob die Preise inkl. Umsatzsteuer angegeben sind und ob Versandkosten enthalten sind.

Widerrufsrecht

- Europäische Verbraucherrechte-Richtlinien schreiben vor, dass Kunden ein 14-tägiges Widerrufsrecht besitzen.

- Ein Musterformular zur Bestätigung des Widerrufs muss angeboten werden.

- Eine Aufklärung über die Folgen eines Widerrufs und die damit verbundenen Kosten muss zur Verfügung stehen.

Weitere Verbraucherschutz- & Informationspflichten

- Zahlungsbedingungen, Lieferbedingungen sowie ein konkreter Liefertermin müssen angegeben werden.

- Sie müssen mindestens eine Zahlungsart ohne Aufpreis anbieten.

- Beachten Sie das Herkunftslandprinzip: Der Webshop-Betreiber hat nach den gesetzlichen Bestimmungen des Landes zu wirtschaften, in dem er seinen Unternehmenssitz hat.

- Planen Sie, über Ihren Online-Shop Waren ins Ausland zu verkaufen, informieren Sie sich umfangreich über die rechtliche Situation (beispielsweise zum

Widerrufsrecht).

Passives Einkommen: Automatisieren Sie Ihr Geschäft

Verschiedenste Applikationen vereinfachen das Leben als Dropshipping-Unternehmer weitgehend. Shopify bietet hierbei eine große Auswahl online an. Erkunden Sie so viele Applikationen wie möglich! Diese erleichtern Ihnen viele Vorgänge.

Order Lookup App

Diese App wird Nachfragen von Kunden um mehr als 60% senken, denn sie ermöglicht es den Kunden, den Status ihrer Bestellung zu sehen.

Improved Contact Form App

Da es die Kundenzufriedenheit enorm erhöht, sollten Kunden Sie im Falle einer Frage schnell und einfach kontaktieren können. Diese Applikation erstellt automatisch eine Kontaktseite für Ihren Online-Shop.

Hurrify

Hurrify generiert emotionale Auslöser, die auf Ihrer Seite angezeigt werden und die den Kunden dazu antreiben, Ihre Ware zu kaufen.

Oberlo (Wiederholung)

Diese Applikation ermöglicht es, Produkte direkt von der Lieferantenseite in Ihren Shopify-Shop zu integrieren – binnen weniger Klicks. Außerdem leitet diese App die Bestellungen direkt an den Lieferanten weiter, wodurch Ihr Arbeitsaufwand sehr gering wird.

Bonus: Online-Marketing Strategien für einen erfolgreichen Start

In diesem Bonuskapitel widmen wir uns einer besonderen Marketingstrategie, mit der Sie sich von der Konkurrenz abheben und die Kaufrate der Kunden erhöhen.

Methode 1: KREIEREN SIE UNGLAUBLICHE ANGEBOTE

Jeder Mensch liebt Preisnachlässe - besonders wenn ein Rabatt von 50% angeboten wird. Wenn keines Ihrer Produkte preislich reduziert ist, sinkt die Motivation der Kunden, Ihre Produkte *online* zu kaufen, erheblich. Doch wie wird ein Preisnachlass von 50% finanziert? Sie senken nicht wirklich den Preis um die Hälfte, sondern kalkulieren von Anfang an so, dass Ihre Verkäufe immer noch profitabel sind.

Methode 2: PRODUKTE ALS „GESCHENK"

Ihre Kunden lieben das Wort „kostenlos". Alle Menschen spielen verrückt, sobald sie freie Ware sehen. Sie fragen sich jetzt bestimmt: Wie soll ich dabei Gewinn machen?

Sie verschenken zwar die Ware, doch verlangen Versandkosten. Sobald die Leute ein Produkt aus dem Internet kaufen, wissen sie, dass die Ware geliefert werden muss und zeigen Verständnis für die Lieferkosten des Artikels. Die besten Produkte, die Sie frei anbieten können, sind Produkte zwischen 2,99 - 4,99 €. Für diesen Einkaufspreis sind qualitativ gute Produkte verfügbar.

Wenn Sie nun für eine Lieferung 7,99 € verlangen, bleibt Ihnen immer noch ein Großteil des Profits übrig. Darüber hinaus legen viele Kunden noch weitere Artikel in den Einkaufswagen, womit sich die Methode noch mehr rentiert. Der kostenlose Anreiz ist sozusagen ein Lockvogel für Ihren Shop.

Rechnung:

(0,- € + 6,99 €) − (3,99 € + 1,- €) = 2 € Gewinn

Einnahmen − Ausgaben = Gewinn

  (Verkaufspreis + Lieferung)
- (Produkteinkauf + Facebook-Werbung)
= Gewinn pro „verschenkten" Artikel

Fazit

Ich möchte Ihnen an dieser Stelle gratulieren. Sie haben das ganze Werk bis zum Ende durchgelesen. Wenn Sie alles anwenden, was ich Ihnen in diesem Buch gezeigt habe, werden Sie sehr schnell Gewinne durch Ihren Online-Shop erzielen. Sobald Sie einmal online Geld verdient haben bzw. einen Verkauf generiert haben, während Sie sich gemütlich anderweitig beschäftigten, werden Sie süchtig nach diesem Gefühl werden. Warren Buffet sagte einmal: „Wer nicht im Schlaf Geld verdient, der wird arm sterben."

Ich appelliere an dieser Stelle auch noch einmal extra an diejenigen, die das Buch nun gelesen haben, aber noch keine Handlung gesetzt haben: Installieren Sie Shopify und beginnen Sie mit dem Designen Ihres ersten eigenen Online-Shops! Ich habe mein langjähriges Wissen über das Dropshipping kurz und prägnant in diesem Werk zusammengefasst, sodass Sie sich keine Sorge um die ersten Schritte machen müssen, sondern sehr schnell loslegen können.

Sie sind nur noch einen Schritt davon entfernt, ein erfolgreiches Online-Unternehmen zu führen. Das notwendige Wissen haben Sie jetzt erlangt. Nun geht es an die praktische Ausführung!

Mich interessiert Ihre Erfolgsstory: Senden Sie mir eine E-Mail an ares.barth@outlook.de und erzählen Sie mir, wie Ihr Online-Shop sich entwickelt. Gerne können Sie mich bei spezifischen Fragen anschreiben. Mir ist Ihr Erfolg wichtig.

Außerdem möchte ich mich dafür bedanken, dass Sie sich die Zeit genommen haben, mein Werk durchzulesen. Schließlich möchte ich Sie entlassen mit der einfachen Bitte, das Gelernte anzuwenden. Ich glaube daran, dass Sie ein Unternehmer sind – jeder, der dieses Buch bis zum Ende gelesen hat, ist nun im Besitz des Wissens, das notwendig ist, um online Geld zu verdienen.

Ihr Ares Barth

Impressum – Verlag

Abdullah Guel
Peter-Schegg-Straße 28
87600 Kaufbeuren

Telefon: +49152/56829701
E-Mail: ares.barth@outlook.de

Autor: Ares Barth

www.ingramcontent.com/pod-product-compliance
Lightning Source LLC
Chambersburg PA
CBHW050239230526
45470CB00005B/2033